MW00522861

MOUNTAIN AND FLOWER

ГОРА І КВІТКА

ГОРА І КВІТКА

Вибрані вірші

МИКОЛА ВОРОБЙОВ

з української переклала
Марія Ревакович

Видавництво Лост Горс
Сендпойнт, Айдаго

MOUNTAIN AND FLOWER

Selected Poems

MYKOLA VOROBIOV

Translated from the Ukrainian by
Maria G. Rewakowicz

LOST HORSE PRESS
Sandpoint, Idaho

ACKNOWLEDGMENTS

I would like to express my gratitude to Tania Snihur, Olena Jennings, Dzvinia Orlowsky, and Grace Mahoney for their support, encouragement, and feedback.

I also want to thank Alla Vorobjova and Mykola Vorobiov for their friendship and inspiration at all stages of the project. This volume would not be possible without their cooperation.

Printed in America.
All Rights Reserved.

Series Editor: Grace Mahoney

Cover Image: Mykola Vorobiov
Mykola Vorobiov Photo by Volodymyr Gritsyk
Maria G. Rewakowicz Photo by Vasyl Lopukh
Book Design: Christine Lysnewycz Holbert

FIRST EDITION

This project was funded in part by a "Translate Ukraine" grant from the Ukrainian Book Institute.

This and other fine LOST HORSE PRESS titles may be viewed on our website at www.losthorsepress.org.

LIBRARY OF CONGRESS CATALOGING-IN-PUBLICATION DATA

Library of Congress Cataloging-in-Publication Data may be obtained from the Library of Congress.

LOST HORSE PRESS
CONTEMPORARY UKRAINIAN
POETRY SERIES

Volume Six

ЗМІСТ

CONTENTS

II ЛИСТИ

II *Letters*

III *Колись тепер*

III   *Once Upon Now*

ПЕРЕДМОВА

Рідко буває, що поет дебютує двічі протягом свого життя, але саме таке трапилося Миколі Воробйову через політичні обставини. Родом з села Мельниківка, що на Черкащині, він уперше опублікував свої поезії в 1962 р. Проте після відрахування його з Київського університету ім. Тараса Шевченка в 1968 р. за ідеологічну неблагонадійність, Воробйова більше не публікували, хоча на той час у нього вже було декілька готових рукописних збірок, серед яких були «Букініст» (1966) та «Без кори» (1967). Довелося поетові чекати 18 років, щоб нарешті в 1985 р. з'явилася друком його перша книга поезій «Пригадай на дорогу мені». Це був час дебютів поетів молодшого покоління, але конкуренція з молодшими ніяк не спинила творчої наснаги Воробйова. З тих пір вийшло більше десятка його збірок, в тому числі перша англомовна збірка *Wild Dog Rose Moon* (Місяць шипшини, 1992). У 2019 р. з'явилася книга «Намальовані двері» – його найостанніша.

Воробйов належить до групи поетів нонконформістів, відомої під назвою «Київська школа поезії», котрі дебютували в 1960-х роках на сторінках літературних журналів, але через їхнє небажання піти на компроміси з владою щодо свободи вислову, довелося їм чекати до половини 1980-х, щоб публікуватися наново. Відомі також як постшістдесятники – Воробйов, Василь Голобородько, Віктор Кордун і Михайло Григорів – вибрали скоріше всього внутрішню еміґрацію ніж співпрацю з режимом, що означало б для них прийняти ідеологічну пропаганду замість писати від душі. Естетично вони тяжіли до модернізму, підкреслюючи важливість мітологічної свідомості, вільного вірша і метафори. Тематично, Київська школа зосереджувалася на природі та людині як всесвітніх явищах, свідомо нехтуючи

INTRODUCTION

RARELY DOES A POET HAVE the opportunity to be introduced to the reading public twice in a lifetime, yet that has been the fate of Mykola Vorobiov because of political circumstances. Born in the village of Melnykivka in Central Ukraine in 1941, he was first published in 1962. After his expulsion from the Taras Shevchenko National University of Kyiv in 1968 for ideological nonconformity, Vorobiov was no longer permitted to publish, even though he had two poetry collections ready at the time, *Antiquarian* (1966) and *Without Bark* (1967). The poet had to wait eighteen years for his first published volume to become a reality. Vorobiov's *Remind Me for the Road* came out in 1985 and immediately was destined to compete with the poetic works of the younger generation. That certainly did not hinder the poet's creative urges. Since then, more than a dozen poetry collections have appeared, including *Wild Dog Rose Moon* (1992), his first book in English translation, and *Painted Door* (2019), his most recent volume.

Vorobiov belongs to the group of nonconformist Ukrainian poets known as the Kyiv School of Poetry who had their literary debuts in the 1960s on the pages of literary magazines but who, because of their unwillingness to compromise freedom of expression, had to wait until the mid-1980s to be published. Also known as *postshistdesiatnyky* (the post-1960s generation), the group—Vorobiov together with Vasyl Holoborodko, Viktor Kordun and Mykhailo Hryhoriv—chose inner exile rather than cooperation with authorities and a chance to be stained by propaganda-like publications. Aesthetically, they all leaned toward modernist premises of literature, underscoring mythological consciousness, espousing *vers libre* and metaphor. Thematically, the School's poetic attention focused on nature and humans as

соціяльними та політичними аспектами суспільного життя. Творчість всіх поетів Київської школи, а Воробйова зокрема, глибоко аполітична. Для них, поезія межує з магією й божественністю; поети неодноразово виявляли трансцендентальні мотиви й шукали духовного виміру в своїх творах. Фольклор також становив джерело натхнення, принаймні на першому етапі творчости, але народні мотиви були настільки трансформовані (великою мірою завдяки іноваційному підходу до метафори), що тим поезіям ніяк не можна приписати якої-небудь спроби наслідування.

Збірка «Гора і квітка»[1] – це шостий випуск серії Сучасної української поезії у видавництві «Lost Horse Press». Вона представляє добірку поезій Воробйова з різних періодів його творчости, від ранніх творів аж по найостанніші. Перших п'ять віршів походять з його першої друкованої книги «Пригадай на дорогу мені» (1985). Вони помітно довші як його пізніші, «мінімалістичні» вірші, і чітко підкреслюють його захоплення сюрреальною образністю. Тематично, вони також віддзеркалюють обізнаність поета із сільським життям та його повсякденністю. У подальших творах Воробйов показує себе як майстра мініятюри, виразно вказуючи на певну спорідненість з японським гайку, де відчуття миттєвости становить суть буття поезії: «осіннє сонце / повне порожніх гнізд . . . / живу як оса – / на одному промені . . .»

Варто зауважити, що природа займає неоднозначно пріоритетне місце в поетичному доробку поета й надихає його творити вражаючі образи. Деякі з його метафор настільки віддалені від реальности, що, можливо, межують з абсурдом. Однак поетова пов'язаність з оточенням є настільки проникливою та органічною, що його поетичні візії, якими віддаленими вони не були б, сприймаються переконливо й

1 Під такою самою назвою 2018 року з'явилася книга вибраних поезій Воробйова у видавництві «А-БА-БА-ГА-ЛА-МА-ГА» у Києві.

part of the larger universe, deliberately disengaging from man's social and political concerns. All the poets of the Kyiv School, and especially Vorobiov, are profoundly apolitical in their oeuvre. For them, poetry borders on magic and the divine; they embrace transcendental motifs and spiritual dimension. Folklore, at least initially, becomes one of the most important sources of their inspiration, but it is so transformed and so transmuted (thanks to an innovative use of metaphor) that it is impossible to ascribe to them any attempt at direct emulation.

The sixth volume of the Lost Horse Press Contemporary Ukrainian Poetry Series, *Mountain and Flower*,[1] presents Vorobiov's selection of poems spanning his entire career, beginning from his early works all the way to his most recent ones. The first five poems come from his early period, namely from his first published collection, *Remind Me for the Road* (1985). They are considerably longer than his later "minimalist" verses, and they vividly underscore his early preoccupation with metaphor and surreal imagery. Thematically, they also reflect the poet's familiarity with village life and its everyday realities. In his later poetry, Vorobiov reveals himself as a master of miniature, with considerable affinity to Japanese haiku where the perception of the moment constitutes the essence of the poem's rationale: "autumn sun / full of empty nests . . . / I live like a wasp / on just one ray . . ."

It is fair to state that nature reigns supreme in Vorobiov's poetic oeuvre and provides him with an endless opportunity to create startling images. Some of his metaphors are so removed from reality that, arguably, they border on the absurd. Yet the poet's intuitive connection to the surrounding environs is so penetrating and so organic that his poetic visions, however detached, come across as convincing and justified. Vorobiov is

1 In 2018, Vorobiov's book of selected poems came out in the A-BA-BA-HA-LA-MA-HA Publishing House in Kyiv also titled *Mountain and Flower*.

закономірно. Воробйов повністю закорінений у теперішності. Це «вічне тепер» надає його поезії певної містичності. За винятком збірки «Оманливий оркестр. Конфігурації» (2006), у якій він віддає шану своїм друзям з Київської школи, в доробку Воробйова майже немає натяків на українську політичну, чи соціяльну реальність, так минулу, як і сучасну. Поета натомість турбує інше. Це «інше» стосується самого буття на всіх можливих рівнях — від рослин, тварин, людей, речей, аж по сам всесвіт. Поета не цікавить минуле; він довіряє своїй уяві як основному джерелу творчості.

Воробйов також маляр-самоук, і читаючи його вірші, відразу видно наскільки колір важливий для його уяви. Його ліричний герой часто виступає як художник; до того ж сам процес образотворчого творення займає чітке місце, як ось у поезії «Над річкою»: «Він малював. На кожному з малюнків проступали / контури людей, трохи схожі на тих, що їх творить вечір», або у цьому короткому вірші: «Я малював усім / що є в мені / я міг перестрибнути річку / від весни розігнавшись...» Здається, що звук відіграє другорядну ролю. Воробйов не римує, його вірші писані верлібром, але вони просякнені алітераціями, паралелізмами та неповторним ритмом.

Не можна теж заперечити певного інтимного, а чи навіть ліричного виміру у цій збірці. Деякі поезії передають меланхолію прощання («Поцілунок в алеї»), інші — пам'ять про кохану: «ти тут часто сиділа вранці / і я знову згадав про це...» У вірші присвяченому дружині, «Купа мовчання», Воробйов зображує героя, зачарованого жінкою, яка так багато про нього знає: «і вона запам'ятала мою нейбадужість до збирання / камінців равликів крилець жуків та метеликів / що я їх знаходив біля стежки під осінь / але ж це було так давно...» Любов ніколи не буває явно вираженою, але вона постійно побутує між рядками, випромінюючи тепло та зрозуміння не зважаючи на ніщо: «кохана / ти

utterly rooted in the present moment. His dwelling in the "eternal now" colors his poetry with occasional mystical overtones. With the exception of one collection titled *Deceptive Orchestra: Configurations* (2006), in which he pays tribute to his colleagues from the Kyiv School and their wider circle of friends, there are hardly any references in his poetry to Ukrainian political or social realities, past or present. Rather, Vorobiov's concerns hover around the issues of existence on all possible levels—plants, animals, humans, things, and the universe. The poet is not interested in conveying the past; he trusts his imagination as the ultimate source of creativity.

Vorobiov is also a self-taught painter, and in reading his poems one gets the impression that color is of utmost importance to him. His lyrical hero is often a painter himself, and the very process of painting is placed in the forefront, as in the poem "By the River": "He painted. Contours of people emerged in each painting / very much as evening would create them," or in this short untitled verse: "I painted with all / I had in me / I could've jumped over the river / propelled by the spring . . ." It seems that sound plays a secondary role in Vorobiov's poetry. He does not rhyme, his poems are overwhelmingly written in *vers libre,* yet they are full of alliteration, parallelism, and unique rhythm.

Undeniably, there is a certain intimate or even lyrical dimension to this volume. Some poems convey the melancholy of parting ("A Kiss in the Alley"); others dwell on the memory of the lyrical hero's beloved: "you often sat here in the morning / and I remembered that again . . ." In the poem dedicated to his wife, "A Pile of Silence," Vorobiov portrays himself in awe of the woman that seems to know him so well: "somehow she remembered my penchant for collecting / little stones, snails, wings of beetles and butterflies / I would find along the path in early autumn / but it was so long ago . . ." Love is never explicitly expressed but

не відчиниш дверей / ти тільки розплачешся / за глухим деревом . . .»

«Гора і квітка» – це друга збірка поезій Воробйова в англійському перекладі. Вона мінімально збігається з попередньою (*Wild Dog Rose Moon*[2]) – тільки три вірші фігурують в обидвох: «Над річкою», «Ти не прийшла, бо трапляється осінь» та «Рівнина, як туга». Краса перекладу й полягає в цьому, що стільки версій що й перекладачів. Звісно, переклад віддзеркалює чутливість та спосіб сприймання речей самого перекладача. Загалом, це добре мати більше як одну перекладну версію даного вірша, автор тільки на цьому виграє. Кожна версія додає щось особливе, якоюсь мірою забезпечує, що нічого не загубиться в процесі перекладання. Елементи спочатку непомічені, чи недостатньо наголошені, набувають нового виразу. Саме тому праця над перекладом поезій Миколи принесла мені так багато задоволення. Ми дружимо між собою довгі роки, і його вірші мені дуже близькі. Наша співпраця базована на довірі й взаємній пошані. Ця збірка, у своїй спробі проникнути у невидиме, що не має ні початку, ні кінця, запрошує читачів поринути в загадкове невідоме. І автор, і перекладач сподіваються, що це запрошення буде прийнято.

—Марія Ревакович

---

2 Ця двомовна збірка у перекладі Миросі Стефанюк вийшла друком у Торонто, у видавництві «Exile Editions» 1992 року.

is constantly implied between the lines, which exude a certain warmth and understanding no matter what: "beloved / you'll not open the door / you'll just burst into tears / behind a deaf tree . . ."

Mountain and Flower is the second book-length translation of Vorobiov's poetry in English. The overlap with his first translated volume, *Wild Dog Rose Moon*[2], is minimal here; only three poems figure in both: "By the River," "You didn't come, autumn happens," and "Flatland like anguish." The beauty of the translation process is that it never yields the same versions; final renderings always reflect the translator's sensibility and unique way of looking at things. Of course, in the end, having more than one rendering of a poem only benefits the translated author because it adds another dimension, it constitutes a kind of insurance policy that in the final result nothing will be lost. Elements that were initially overlooked or not sufficiently underscored would re-emerge anew. That is why the work on these translations has brought me so much joy and satisfaction. I have been friends with Mykola for a very long period of time and always enjoyed reading his poetry. Our collaboration has been based on trust and mutual respect. As it attempts to penetrate the invisible that has no beginning and no end, this volume invites the reader to plunge into the mysterious unknown. We both hope that this invitation will be accepted.

—Maria G. Rewakowicz

---

2 This bilingual collection, translated by Myrosia Stefaniuk, was published in 1992 by Exile Editions in Toronto.

I

ПОЦІЛУНКИ В АЛЕЇ

KISSES IN THE ALLEY I

ПРИГАДАЙ НА ДОРОГУ МЕНІ

Намалюй мені кухлі на лаві...
Хлипа сон у чарках
гранчастий, важкий.
Воскреси мені ріг стола,
де між схилених земляків
жовта пляшка дзвенить,
як бджола,
де задумалось літо
в кленовому жбані,
а дядьки на обличчях
розводять багаття...

Наче князь
із дороги нежданно дальної,
входить дід
у заклечану хату.
Пригадай,
скільки літ і казок
намальовано пальцем на склі,
коли чуть,
як червоні півні
тишу скльовують на стіні
та годинник кує
своє вічне тік-так,
ніби сіє часи
у безодню ріллі...

Як вуглини,
жахтіє у глечику мак,
зігріває світлицю білу,

REMIND ME FOR THE ROAD

Draw mugs for me on the shelf . . .
See how slumber sobs in cups–
angular and heavy.
Resurrect a table's corner for me,
where two bent countrymen and
the yellow bottle between them buzzes
like a bee,
the summer looks pensive
in a maple pitcher,
and the men nurture fire
on their faces . . .

Like a prince
from faraway,
an old man enters
a decorated hut.
Do you remember
how many summers and fairytales
were drawn on glass,
when you could hear
red cocks pecking
silence on the wall
and an old clock
with its eternal tick-tock
as if sowing time
into the abyss of plowing . . .

Poppy seeds blaze in a jug
like coal beads
warming the clean room,

над варенням воркує матуся,
подорожником пахне вікно,
скинув чоботи грім,
у легесеньке взувся
і вихльостує батіжком...

Ти мені пригадай,
прогорни буйні хащі моїх лісів,
птиць нашли на шляхи,
щоб я птицями міг боліти
і щоб довго потому
усе це носив
за старими хвіртками світу.

mom grumbles making preserves,
her window smells of fleawort,
thunder takes off its boots
and puts on slippers
while lashing with a whip . . .

Remind me,
turn over lush thickets of my forest
sending birds my way
so I could feel their pain
and carry it long afterwards
beyond the world's old gates

НАСТРІЙ ДОЩОВОГО ДНЯ

Незвичайні небеса із білими голубами...
Ранок туманний,
дощ ніяк не натягне струни,
сині яблука на вікні
задрімали і знов проснулись.
За димами дими,
білі хвилі за склом,
і по сну
зрідка дерево плесне веслом...
Палить люльку тінь
перед вогнищем –
довгі пальці...
Пензлі на довгім столі,
і картини, етюди, і фарби не ті –
голова пеленає світи в ручаях;
коло яблук задуманих тих
грають яблука на солов'ях,
на гілках по червоній стіні.
Позавихрювались ліхтарі...
Треба йти,
зустрічати, казати і думати,
обминати машини, читати щось,
не чекати,
чекаючи на вічність.
Невідомо коли розпочався дощ...

RAINY DAY MOOD

Extraordinary skies with white doves . . .
Foggy morning,
rain unable to tune its strings,
blue apples on the windowsill
dozing off and then waking up again.
Plumes of smoke after plumes of smoke,
white waves behind the glass
and a tree's oar rarely strikes
sleep.
A shadow with long fingers
smokes a pipe
by the campfire . . .
There are brushes, paintings, sketches, and dyes
on the long table but all look different somehow—
my head swaddles worlds in the streams;
next to those pensive apples
other apples play with nightingales
on the branches along the red wall.
Street lamps whirl up . . .
I must go
to meet someone, to say something, to think,
avoiding cars, perhaps to read something,
but only not to wait,
awaiting eternity.
No one knows when that rain started . . .

НАД РІЧКОЮ

Він малював. На кожному з малюнків проступали
контури людей, трохи схожі на тих, що їх творить вечір.
Але він не спинявся на цьому. І згодом ті люди
потрапляли в ніч. А як їх уже не було видко,
то він повертався до себе. Замикався, але
відчиняв вікно. За вікном цвіла ніч.
Не роздягаючись, лягав на підстилку біля стіни.
При самій підлозі тяглася труба, і в темені
було чутно, як в ній перевертається, зітхає вода.
Снився луг, часом річка. Але річка лякала,
бо в її берегах він бачив безліч нір, де жили
щури. Хоча він добре знав, що там гнізда ластівок.
Зранку він знову брався до малювання, збавляючи
ще один день. Але ніхто не приходив, не повертався.
Ніхто із тих, кого він малював.

BY THE RIVER

He painted. Contours of people emerged in each painting
very much as evening would create them.
He didn't stop there. Then these people
disappeared in the night. Only when they were gone
he went home. Shut himself in,
yet opened a window. Night bloomed outside.
Without taking his clothes off, he lay down on a cot next to the wall.
A pipe stretched along the floor and in the dark
water rolled over and sighed.
He dreamed a meadow, sometimes a river. The river frightened him,
for on its banks he saw a multitude of rat holes.
Though he knew they were swallow nests.
In the morning he was back at painting, losing
yet another day. But no one showed up, no one returned.
None of those he'd painted.

ВДОМА

Під хату шлях
листя калюж простяг.
Скрип дверей,
як сухий сірник.
На обличчі осінній коник.

Піч потемніла ружами,
листок у відрі
знайшов ім'я
моїми устами м'яко.

Мідна гармошка
в містечку
грає в цей час,
грається кіт у стіні
синім дубцем із шибки,
глиняник нявка, заївсь
коло синиць,
що цілують вікна.

AT HOME

The path home
unfurled leaves of paddles.
A creak of the door
dry like a match.
Autumn grasshopper on my face.

Stove reddened by roses,
a single leaf in a pail
found its name
softly on my lips.

You can hear the copper
accordion playing in town
at this time,
a cat frolicking with the blue ray
from a window pane on the wall
a clay pot meowing, assailing
titmice
that kiss the windows.

НАВІСТИТИ МАТІР

Хата до хати
червоне яблуко котить.
Сплелися дзвони
золотими рогами.
Вогонь поліно струга.
Цвіркун
білу горошину котить
по сажі,
що оксамитом росте.

Навістити матір —
кому холодно, кому вітряно,
кому вітряно, кому ніколи —
навістити нікому.

Обвалюється снігом
в посадці сорока.

У чорній сітці
дятел пробиває зірку...
Горщик розкрутивсь назад —
в купу глини.
Журавлиним горлом
дихає відро.

Наче птиця йде і йде,
теплий дощ
у присмерку іде.
Сидить мати навпроти серця,
розмитий клен тече
і затіка між плечі.

TO VISIT MOTHER

From house to house
the red apple rolls.
Bells entwine
with golden horns.
Fire chops wood.
A cricket
rolls a white pea
across the soot
that spreads like velvet.

To visit mother—
some may feel cold, for others it's windy
for others it's windy, never for some,
no one to visit her.

The magpie covered with snow
on wooden boards.

A woodpecker pierces through
a star in the black netting . . .
A small pot unwinds back
into a pile of clay.
The pail breathes through
a crane's throat.

Warm rain
comes down in the twilight,
as though a bird that keeps on walking.
Mother sits across from my heart,
a washed away maple tree flows
and trickles down between my shoulders.

Навістити матір –
кому холодно, кому вітряно,
кому вітряно, кому ніколи –
навістити нікому.

Біла хустка в'яжеться
синицями сміється.
На білій хустці бліді блискітки
пересипає плач,
жовті собаки валують
і червоні язики виливають.
Сиджу собі дома, коло землі,
згадую вас, діти...

Вітер вікна скубе
хрипотить по шляху,
піднімаючи чорне листя.
Затулилися щільно дерева,
і по них, по глухих
шурхотять срібні птиці.

Навістити матір –
кому холодно, кому вітряно,
кому вітряно, кому ніколи –
навістити нікому.

Скриплять ворота від ворон
і причиняють ніч.
Язик дверей реве,
Морозу синя морква
стриба біля дверей.
Сорока розлилась по стінах,
пташки поснули у відрах...

To visit mother—
some may feel cold, for others it's windy,
for others it's windy, never for some,
no one to visit her.

A white scarf is being knitted,
laughing like tit birds.
Weeping pours out pale sparkles
onto the white scarf,
yellow dogs are barking
pouring out red tongues.
Sitting at home, close to my land,
I reminisce about you, my children . . .

The wind plucks windows,
wheezes on the road
lifting up the black leaves.
Trees close up tightly
and in them, in deafness,
silver birds rattle.

To visit mother—
some may feel cold, for others it's windy,
for others it's windy, never for some,
no one to visit her.

The gates screech with crows
and shut the night out.
The door's tongue roars,
the frost's blue carrots
hop by the door.
The magpie spills over the walls,
small birds fall asleep in pails . . .

На кухлі заєць мідний
змиває з вусів пір'я.

Ти даленієш, мамо.
Дерев на вітер кинуті хвости,
а їх лице звіринне –
у шибки...
Легенькі голови курей рябих
важку обклали голову твою,
але безсоння не склюють
заплющеними очима.

Ходить по хаті страх:
фух, фух, фух...
Де твої діти?

On the mug a copper rabbit
washes off feathers from its whiskers.

You're fading, mother.
Trees' tails thrown to the wind,
with animal-like faces—
hit the windows . . .
Soft heads of speckled hens
swaddle your heavy head,
yet won't pluck away your insomnia
with closed eyes.

Fear treads in your house:
oh, oh, oh . . .
Where are your children?

●●●

Табуни рудих коней
допасають зелену траву
і темніють на ніч.

Перелітає птах
над потемнілими табунами.
Тільки лоша одбилось,
ходить на світлих ногах.

То не лоша, то клен
жовтий листок жує,
а пастуха немає, –
осінь ніхто не пасе.

• • •

A herd of red horses
grazes on green grass
and grows dark for the night.

A bird flies over
the darkened herd.
A foal on its translucent limbs
steps away from the pack.

But this is not a foal, it's a maple tree
chewing on a yellow leaf,
and there's no shepherd around,
no one to tend the autumn.

•••

Вечір крапчастий
в деревах моркву гризе.
Під засушеною квіткою
хата сторінку чита.
В клубок білих ниток
заховався кіт,
дивиться на кашель,
що візерунком синім
коло баби спить.

•••

Speckled evening
gnaws a carrot in the trees.
Under the withered flowers
the hut reads a book.
Hiding in a ball of white thread
a cat observes
the old woman's cough
morphing into a blue ornament,
and sleeping next to her.

ВОРОНИ

Поночіло.
На синій дах
опустилося декілька чорних цяток.
Ворони... – вгадав він.

Сів і наново
перемалював їй волосся.
Поночіло.

CROWS

Night.
A few black spots came down
on the blue roof.
Crows . . . he guessed.

Then sat and
repainted her hair anew.
Night.

•••

Ти не прийшла, бо трапляється осінь.
Ти завагалась, бо буває дощ.
Ти запізнилась, бо річки течуть.
Ти не злякалась, бо ти не забула.

Ти не прийшла тому, –
що можна прийти,
можна згадати про це,
можна мріяти про це,
можна забути про це.

А було так синьо увечері,
що перехожі замість газет
несли білих гусей...

•••

You didn't come, autumn happens.
You hesitated, rain is falling.
You were late, rivers flow.
You weren't afraid for you didn't forget.

You didn't come because
you could've come,
could've reminisced it,
daydreamed it,
forgotten it.

Evening was so blue that
passers-by carried white geese
instead of newspapers . . .

●●●

Клен золотою пилкою розпиляний.
Гребеться тінь
у жовтому плачі.
І літо голову схиля,
але мене не золотить.

Годинник дерев'яний
у поле поспішає,
в сухий потік
облущилось обличчя
боляче.

Попід парканами
солома каркає
і розганя курей.
Мотузяний кіт крадеться.
І кухлик з жабрами пригаслими
Йому, напевно, попадеться...

• • •

A maple tree cut with a golden saw.
A shadow roams around
shedding yellow tears.
And the summer bends its head
but won't cover me with gold.

A wooden clock
runs to the fields,
my suffering face
peels off
in the dried stream.

Under a fence
a straw caws
and frightens hens.
A cat on a leash preys on.
Here's a cup with languished gills.
You will certainly get caught . . .

●●●

Вже осінь, яблуко зірви.
Зелене?
Червоне яблуко?
А якщо немає яблука?
А тільки гілля,
красиве гілля.
Все одно зірви
що-небудь.
Вже осінь.

•••

Autumn. Pick an apple.
A green one?
A red one?
What if there's no apple?
But only branches,
beautiful branches.
Pick something
anyway.
Autumn.

ЗМЕРЗЛІ РУКИ

Я дивлюсь на вогонь – наче сипляться вишні.
Такого, як дома, вогню вишневого
не вишиє даль мені,
та й з дому не вишлють. Ні.

Зітхає вогонь. Затихає вогонь. Сіріє.
Тільки світиться листя долонь
літнім сонцем у надвечір'ї.

COLD HANDS

I look at the stove fire and it's like I dream of cherries.
That kind of cherry-like home hearth
a faraway land cannot embroider for me,
and it's not something to be sent from home. No way.

The fire sighs. The fire quiets. Dusk.
Only the leaves of palms shine,
reflecting the summer sun toward evening.

•••

Рівнина, як туга,
і тільки дві краплі там: я і дорога.
Без краю, без горизонтів.
Тільки трава, мов складені сльози.

Я і дорога.
Котиться, котиться,
але ні кінця,
ні краю, ні горизонтів.

І не перейти нам сліз,
хоч і стали вони травою,
щоб не страшно рівниною йти.

•••

Flatland like anguish,
only two drops are there: the road and I.
No end, no horizon,
only grass—folded tears.

I and the road.
Rolling on and on,
no end
no limit, no horizon.

You can't bypass tears,
though they turn to grass,
making the flatland journey less scary.

●●●

і снився вночі
острів білих чайок
і я кричав
бо всі кричали
не думаю щоб там
на небосхилі літ
я світло маяка
побачив

одначе снився острів
білих чайок
і я кричав
бо всі кричали...

•••

At night I dreamed about
the island of white seagulls
and screamed
because everyone else screamed
I doubt I've seen there
the blink of a lighthouse
on the horizon's
old age

and yet I dreamed about the island
of white seagulls
and screamed
as everyone else screamed . . .

•••

із шелесту – квітка шовкова...
хто шелестить?
печаль і дощ...

•••

збившись у зграї
світиться листя...
і клени від кленів
гріються...

•••

і випав сніг –
почорніли ворони...

•••

a rustle – a silky flower . . .
who's rustling?
sorrow and rain . . .

•••

leaves shine
flocking
and maple trees are
warming each other up . . .

•••

snow fell
crows blackened . . .

•••

скільки на піску не пиши слово смерть
не напишеш...
накреслення його зливається з первісним морем
і ніякого звуку ніби ти десь далеко
десь далеко у морі піску
осипаються дюни —
насипаються дюни...

•••

no matter how many times you write the word death on
sand
you won't be able to write it . . .
its contour merges with the primeval sea
and there's no sound as if you're far away
somewhere far in the sea of sand—
dunes fall—
dunes rise . . .

•••

ти можеш робити це або не робити —
Божий храм всюди

ти можеш рушати в дорогу чи ні —
Божий храм всюди

ти можеш забути
або й не знав ніколи
ти можеш згадати своє незнання —
Божий храм всюди!

•••

you can do it or not—
God's temple is everywhere

you can hit the road or stay—
God's temple is everywhere

you can forget it
or not even know it
you can remember your own ignorance—
God's temple is everywhere!

МЕЛАНХОЛІЯ

жовта табличка над дорогою...
щось витерте або ще не написане...
потім острів піску серед води...
потім листок... не злетів із гілки
ти казав що приїдеш...
ти казала що любиш...

тихо грає музика...
зелень вкривається снігом...
десь чекають...
всі кудись їдуть...
я знаю лише одну зупинку
де всі сходять...
але Господь милостивий...

MELANCHOLY

a yellow sign over the road . . .
something was erased or not even written yet . . .
then you see an island of sand in the middle of water . . .
and then a leaf . . . has not fallen from the branch
he said he would come . . .
she said she would love . . .

music plays quietly . . .
greenery turns white . . .
everybody waits somewhere . . .
all go someplace . . .
I know of only one stop
where all come together . . .
God is gracious . . .

●●●

не встиг я купити півонії
а вже хризантеми цвітуть...
з товаришем не попрощався
а він і забув мене...
не встиг я цього збагнути
а вже пожовтіло листя...
чи жив я насправді? – питаю
в кишені квиток зберігся
таки я збирався кудись...

голос:
сонце сходить...
– то це ж воно
вже заходить...

●●●

вечір... дзеркало розбилось:
міріади крилець...
останні відблиски світла
лікують комах...

•••

I haven't even managed to buy peonies
and here you go—chrysanthemums are already in bloom . . .
I haven't said good-bye to my friend
and he's forgotten me by now . . .
as I've been pondering this
the leaves turned yellow . . .
"did I really live?" I asked myself
the ticket in my pocket is still there
looks like I was going someplace . . .

voice:
the sun is rising . . .
and that's the thing—
it's also setting . . .

•••

evening—a shattered mirror
a myriad of little wings
the last reflections of light
heal insects . . .

ПОЦІЛУНОК В АЛЕЇ

я чекав на тебе
але так і не дочекався...
швидко посутеніло
і став відчутним подих синіх гір дощу:
ось зашаруділо (листя?) на стежці
ось іще ближче...
майнула тінь –
і срібний поцілунок
лишився на моїй щоці

A KISS IN THE ALLEY

I waited for you but in vain . . .
it darkened quickly
and you could feel the breath
of the blue mountain of rain
something rustled (leaves?) on the path
look a little bit closer . . .
a shadow gleamed—
and a silver kiss
was left on my cheek

НАШІ РОЗМОВИ

ми п'яні...ми втомлені...
жінки і діти чекають на нас
про що ж ми говоримо?
про те що важко? що злидні?
так ми про це говоримо
аби ще більше втомитись
потемніти поночіти –
наші лопати ондечки вже ледве блищать...

OUR CONVERSATIONS

we're drunk . . . we're tired . . .
our wives and children wait for us
what are we talking about here?
about hardship? about poverty?
are we talking about all that
to get even more tired,
more gloomy, more night-like?
look over there—shovels barely shine . . .

•••

опустився день
золотисті шати в знемозі...
я ліг на підлозі...

вечір корону в вікно засвітив —
холод дмухнув загасив...

заточився світла престол
в присмерковій млі...

хтось нахилився і тихо зітхнув
рукою провів наді мною
серпанком укрив...

•••

the day was spent
golden garments worn out . . .
I lay on the floor . . .

the evening lit a crown up in the window—
but a cold breeze put it out . . .

the throne of light
wobbled in the twilight haze . . .

someone bent and sighed quietly
over me covering my body
with a veil . . .

●●●

лапаті тіні потіснили стежку
і звузилась вона до смужки
ледве встигаю пройти
чіпляючись за зубці світла
поміж дерев...
і якраз вчасно:
брама ще трохи прочинена...
тоненька щілина світла
ковтає мене...

•••

big shadows squeezed a path
narrowing it to a strip
I barely manage to cross it
clinging to prongs of light
among trees . . .
just in time—
the gate's still open
a thin crack of light
swallows me . . .

●●●

сиджу в кафе...
заснулий водограй
зелену мідь розсипав...
багато років промайнуло
я ледве двері прочинив...
а йти нема куди...

●●●

ти сам по собі?
ні...
а як?
розумієш це так якби ти не спитав
а я не відповів...

●●●

увечері везу білих метеликів
і то треба швидко
аби встигнути
бо вже смеркає
і тільки на дні ще біліє
одне крильце...

•••

I sit in a café . . .
sleepy fountain
spilled over green copper . . .
so many years have passed
I barely open the door
and still no-where to go . . .

•••

are you yourself?
not really . . .
so how are you?
listen, it's like you haven't asked
and I haven't answered . . .

•••

in the evening I carry white butterflies
I need to hurry
to be in time
it's getting darker
and only one tiny wing
still white at the bottom . . .

СМЕРТЬ БЛАКИТНОГО МЕТЕЛИКА

коли я притомнів то бачив блакитного
метелика на нозі
він танув щоб знову яскраво спалахнути —
блакитне з коричневим накрапом...
я не міг ворухнутися
ані повернутися туди
куди ще недавно хотів...
чи туди де я був... можливо...
а він сидів прядучи крильми
то в один то в інший бік...
небо стемнювалось і поступово поглинало нас
і коли день стиснувся до однієї краплини —
заяскравіла зірка...
і я ловив її губами і дихав
ще дихав...

DEATH OF A BLUE BUTTERFLY

waking up I saw a blue
butterfly on my leg melting
only to flare out again—
light blue with brown spots . . .
I couldn't move
nor could I go back where
I wanted to not so long ago . . .
or . . . perhaps . . . I was already there . . .
the butterfly still sat spinning wings
this way or another . . .
the sky darkened and began to devour us gradually
and when the day was squeezed to one drop—
a star sparkled . . .
I was catching it with my mouth and breathed
still breathed . . .

КУПА МОВЧАННЯ

Дружині

напевне ту жінку я зустрічав колись...
але вчора з'явившись несподівано хоча я й чекав...
вона висипала на мій письмовий стіл
цілу купу океанських черепашок
чи справді ми були колись знайомими
і вона запам'ятала мою небайдужість до збирання
камінців равликів крилець жуків та метеликів
що я їх знаходив біля стежки під осінь
але ж це було так давно...
час не обминув мене і її також
і коли вона вже пішла то здалося мені що в тиші
поряд з купою черепашок тужно засвітилася
купа мовчання
наповнена словами які ми не сказали один одному
і вже ніколи не скажемо...

A PILE OF SILENCE

To my wife

I'm sure I met that woman before . . .
yesterday—having turned up abruptly—although I awaited her . . .
she spilled a whole bunch of seashells on my desk
did we really know each other in the past?
somehow she remembered my penchant for collecting
little stones, snails, wings of beetles and butterflies
I would find along the path in early autumn
but it was so long ago . . .
time spared neither me nor her
and when she left
it seemed to me that next to the pile of seashells
in stillness
a pile of silence lit up with nostalgia
filled with words that we did not utter to each other
and would not utter ever again . . .

БЛІДЕ ЛИЦЕ

гук спогадів блідий
на тлі розпашілого вечора
інколи він проміниться
як вино в недопитих чарках
чому ж ми всі замовкли?
на хвилю задивились
чи накладеться луна минулого
на цю що сьогодні...
у тих місцях де їм не збігтися ніколи
стоятимуть чарки
із недопитим вином...

PALE FACE

the noise of memories pales
against the background of a sultry evening
sometimes it shines
like wine in unfinished glasses
how come we all became silent?
well, we're looking at the wave
to see if the echo of the past
overlaps with the one of today . . .
in those places where they never converge
glasses with unfinished wine
will stand . . .

•••

проміння з вікна
як непричесане волосся
переломилось на стілець –

ти тут часто сиділа вранці
і я знову згадав про це...

•••

я ніколи не мав годинника
він завше висів на стіні...

на обрії сходить сонце –
чого ще бажати мені?

•••

a ray coming through the window
like uncombed hair
bent over the chair

you often sat here in the morning
and I remembered that again . . .

•••

I never had a watch
there's just a clock on the wall . . .

with sunrise above the horizon—
what else do I need?

•••

вкотре ти став говорити що в тебе відпустка
і ми ще багато разів уночі ходитимем на море...
і мені хотілось щоб ти так говорив...
тільки опісля думалось:
вже ніколи не зійдемось тут
і лише у ситах ще знайдемо і загубимо
ці дні...

•••

you've been telling me again you're on vacation
and that we'll be going to the sea at night many times . . .
and I wanted you to talk to me that way . . .
then I thought
we will not meet here ever again
and only in the sieve we'll find and lose
those days . . .

•••

тієї осені ми нікуди не поїхали
я намалював глухий паркан що ото навпроти...
по ньому поплелися красолі –
позасинали плямами до весни...
і я ще вірив... щовечора клав валізку поруч ліжка
аби не шукати як присниться що їдемо
часом провулком проходив чоловік
і тоді скоро сутеніло...
у тому фліґелі ми спалили багато дощок
з глухого паркану
та так і не нагрілись...

• • •

that autumn we did not go anywhere
I painted a solid fence that's over there . . .
upon which nasturtium flowers climbed—
they fell asleep till spring . . .
I still believed . . .
every evening put a suitcase next to my bed
so not to look for it while dreaming about our journey
sometimes a man passed through the alley
and then got dark soon . . .
we burned many fence boards in the shed
and still did not warm ourselves . . .

•••

ми еміґрували:
дехто в себе а дехто в далекі краї
хто не еміґрував
той ніким не став
бо ніколи ніким і не був...

•••

ми постарілі і втомлені...
метелики літають –
самі метелики лишились...
так наче з божевільні
випустили всіх...

•••

we emigrated
some internally, others—to foreign countries
the one who did not emigrate
became no one
in truth—was no one to begin with . . .

•••

we got old and tired . . .
butterflies fluttering above—
only butterflies remain . . .
it's as if the whole madhouse
was just released . . .

●●●

осіннє сонце
повне порожніх гнізд...

живу як оса –
на одному промені...

●●●

червоні квіти розсипано по дорозі...
і хоча похоронної процесії не видко –
тіні збираються
і вдалині
чорна цятка
росте...

•••

autumn sun
full of empty nests . . .

I live like a wasp
on just one ray . . .

•••

red flowers scattered on the road . . .
though no one can see a funeral procession
shadows gather
and in the distance
a black spot
grows . . .

П ЛИСТИ

LETTERS II

ЛИСТИ

1

де поштар? де листи?
зшерхне полиск
і час достигне
і мурашник води посклиться
щоб невидимий інею світ
на ніч вікнами перехрестився...

2

листки побіжать
у холодну траву
трава побіжить
у холодну пітьму
пітьма побіжить
у кожен дім
розпалим вогонь —
ходім...

3

кохана
ти не відчиниш дверей
ти тільки розплачешся
за глухим деревом...

LETTERS

1

where's the mailman? where are the letters?
glitter hardens
time ripens
and the ant-hill of water glazes over
allowing the invisible world of frost
to cross windows for the night . . .

2

the leaves run
toward the cold grass
the grass runs
toward the cold darkness
and the darkness runs
toward each home
we kindle a fire—
let's go . . .

3

beloved
you'll not open the door
you'll just burst into tears
behind a deaf tree . . .

4

прилетять птиці
мальовані крильця:
хто це літо розпиляв?
і насунеться сажа
мов перед снігом
і заболить голова
мов перед білим світом...

5

стихне небо –
сонми соняхів
збір насіння у зграї сонні
в очі дівчини переспілі
у вуста її
нерозспівані...

6

в стеблі золоточасу
не тканому ніким
постане інше світло
над кожушком рудим...

4

birds are coming
hand-drawn wings
who sprayed this summer?
soot draws near
as if before a snowfall
and I'll get a headache
facing the white world . . .

5

the sky quiets—
a multitude of sunflowers
their seeds flock dreamily
into the girl's overripe eyes
into her mouth
short of songs . . .

6

in the stem of the golden hour
woven by no one
a different kind of light
arises above the red casing . . .

7

над травами
прозорий звук
дов'яже з прохолоди
золотий павук...

8

зорі виплекають прірви
речі з себе достигнуть...
і неквапні тумани
себе лиш укриють...

9

у стрісі місячної ночі
серп блищатиме
плакати – воду гладити
ніч – цвіркунова мати...

7

above the grass
a golden spider
knits transparent sounds
out of the cool air . . .

8

stars cultivate chasms
things ripen on their own . . .
and slow fog
just covers itself . . .

9

a sickle shines
on the roof of a moonlit night
to cry is like caressing water
the night—a cricket's mother . . .

10

виростуть хутра тіней
кімнати літа стемніють
і бджіл золотаві цятки
на стеблах вітрів прочахнуть...

11

сотні дверей
одчиняться на дорогу –
страх мене змусить плакати
наче малого...

12

крикне птах у тумані
ранній іній його поранить...
а мене?
хто спитає мене
як усе промине?..

10

the furs of shadows grow
the summer's rooms darken
and bees' golden spots
germinate on the stems of winds . . .

11

a hundred doors
open for the road—
fear makes me cry
as if I'm still a little boy . . .

12

a bird shrieks in the fog
the early frost wounds it . . .
how about me?
who's going to ask me
how everything passes? . . .

13

буде річка
над нами текти
повна попелу і тепла
запорошить обличчя із зеленого скла
на дні –
чолом до чола...

14

розмиються в обличчях знаки
наповняться снігами рамки
майбутнє тихо запитає
минуле мовчки відповість...

15

забудеться зелена глина
і чашка з неї наче грім червона
і тріщина неначе ластівка
і ластівка – весни корона...

13

a river will flow
above us
full of ashes and warmth
green glass on its bottom
dusting our faces
forehead to forehead . . .

14

the signs on the faces wash away
frames fill up with snow
the future quietly asks
the past silently replies . . .

15

the green clay will be forgotten
clay cup is like red thunder
a crack—like a swallow in flight
and a swallow—like a springtime crown . . .

16

червоний щит повернеться ребром
і темрява зімкнеться –
сторожа світла розбредеться...

17

перецвіте олія у листках...
мороз зірчастий
вистигне на холодках...
вода пронизливо у мушлю свисне –
багрянець нас в обійми стисне...

18

блисне дзьоб
на краю вогнища
над стручками жару
ми роздягнемо соняха
і чорними зернами
спати ляжемо...

16

the red shield turns its rib
and the darkness closes in—
the guardian of light flees . . .

17

the oil of the leaves dries up . . .
the starry frost
cools down in the shade . . .
water whistles offensively in the seashell—
its purple squeezes us with embraces . . .

18

a beak gleams
on the edge of a bonfire
above the pods of embers
we are undressing a sunflower
then we are sleeping
like black seeds . . .

19

не зцілить шкло...
дрімає літописець...
свічник із глини
висвітить число
щербате наче місяць...

20

спродаю інструменти...
зберуться дерева в одне —
на райських пташок
ціна упаде...

21

якраз тепер
вихрить золотопер
понад проваллям
золотих дерев...

19

glass won't heal . . .
a chronicler takes a nap . . .
a candlestick made of clay
illuminates a number
chipped like the moon . . .

20

I sell instruments . . .
trees gather in one place—
the price of birds-of-paradise
is devalued . . .

21

just now
the golden plumage swirls
over the ravine
of golden trees . . .

22

клен уже зряджений
і не гриміти грому
у хмарі золотим дзьобом...

23

порожні гнізда
оздоблять
обвалений час
покинуті перли...
на узбережжі
не дочекаються нас...

24

сплеснуть речі
страшні і фатальні
втрати сьогодні –
здобутки дальні...

22

a maple tree all dressed up
the thunder no longer frightens
with its golden beak in a cloud . . .

23

empty nests
decorate
collapsed time
abandoned pearls . . .
on the seacoast
keep on waiting for us . . .

24

things get flattened
frightful and fateful
losses today—
achievements in the distance . . .

25

холод розсипле
знаки кришталю
спиниться млин
над листям опалим...

26

загупають сині
молоти тіней
хащам прозорим
готуючи сніг...

27

постане громаддя
із білих гір...
заколядує блакитний звір...
між голосами півнів
засіються зерна
зимових днів...

25

cold air scatters
signs of crystal
the mill stops
over the fallen leaves . . .

26

blue hammers
of shadows are pounding
preparing snowfall
for transparent shrubs . . .

27

out of the white mountains
a community rises . . .
a blue beast sings carols . . .
seeds of wintry days
are sown
in the cries of cocks . . .

28

чую пісню про перстень
на світанку загублений
де лежить він тепер замулений?
чом шукаємо решту днів
і знаходимо тільки у сні...

29

сон сріблястий на все поле
а червоний півень на все листя...
чорний птах на всі дерева
білий меч на всі весілля
а сорока на всю зиму...
слава!

28

I hear the song about the ring
lost at dawn
where is it now covered with silt?
why are we looking for remaining days
finding them only in our dreams . . .

29

a silvery dream for all the fields
a red rooster for all the leaves
a black bird for all the trees
a white sword for all the weddings
and a magpie for the whole winter . . .
glory!

Школись тепер

ONCE UPON NOW **III**

•••

хіба побачимо світло
як темряви не стане?

посланець свідчить
але сам не є свідченням...

•••

котра година? –
навіть на цвинтарі
постійно звучить запитання...

•••

листя опадає
і я наче гість безрукий
до чогось торкнутися хочу...

•••

are we to see light
if darkness disappears?

a messenger testifies
but he alone is not a testimony . . .

•••

what time is it?
even in the cemetery
this question is asked constantly . . .

•••

leaves are falling
and I—as if a handless guest—
yearn to touch something . . .

●●●

Себе я не зустрів
тому й до натовпу
пристать не можу...
тому й у натовпі
а де ж?

●●●

Коли не дочуваєш
то ідеально можна відтворити
будь-яку мелодію...

●●●

Я малював усим
що є в мені
я міг перестрибнути річку
від весни розігнавшись...

•••

I haven't met myself yet
and that's why I can't
join the crowd . . .
and that's why I'm part of it
how else?

•••

when you don't hear right
any melody
can be ideally recreated . . .

•••

I painted with all
I had in me
I could've jumped over the river
propelled by the spring . . .

•••

жити так цікаво
особливо тепер
коли нічого
не має значення...

•••

оскільки життя не має
ні кінця ні початку
то й кожен наш задум
не має ні кінця ні початку

•••

швидко темніє...
ніч опадає
на стук черевиків...

•••

it's so interesting to live
especially now
when nothing
matters . . .

•••

since life has no end
and no beginning
each of our intentions
has no end or beginning

•••

it gets dark so quickly . . .
night falls
to the tap of shoes . . .

•••

хтось голкою проколов
листок на кленові –
і тепер витікає
червоне його ім'я...

•••

блякне віддзеркалення
чогось невідомого
пізньої осені
коли ти безлистий
при свічці
листка останнього

•••

велика гора
маленька квітка
сніг покриває
і гору і квітку...

•••

someone punctured a maple leaf
with a needle—
and now its red name
drips off . . .

•••

the reflection of something unknown
fades away late autumn
when you—leafless—
stand next to
a candle
of the last leaf

•••

a huge mountain
a small flower
snow covers
both the mountain and the flower . . .

ABOUT THE TRANSLATOR

Maria G. Rewakowicz is
a poet, translator, and lit-
erary scholar. She holds
a Ph.D. in Slavic Lan-
guages and Literatures
from the University of
Toronto and has taught
Ukrainian literature at
a number of universities, most recently at Rutgers Universi-
ty—New Brunswick, NJ. She has authored four collections of
poetry in Ukrainian and two monographs of literary criticism
in English. Her most recent book *Ukraine's Quest for Identity:
Embracing Cultural Hybridity in Literary Imagination, 1991-
2011* (2018) is the 2019 winner of the Omeljan Pritsak Book
Prize in Ukrainian Studies. Her translations from Polish and
Ukrainian have appeared in *Agni, Cyphers, Modern Poetry in
Translation, Modern Haiku,* and *Toronto Slavic Annual.* Born in
Poland to Ukrainian parents, Rewakowicz lives in New York City.